Ruszający się ząbek

The Wibbly Wobbly Tooth

Written by David Mills
Illustrated by Julia Crouth

Polish translation by Sophia Bac

MANTRA LINGUA

W poniedziałek wieczorem, dwie minuty po siódmej, Li zauważył swój pierwszy ruszający się ząbek.
A ząbek ruszał się... w tę i we w tę.

On Monday evening at two minutes past seven, Li got his first wobbly tooth.
And the tooth went...Wibble Wobble.

THIS BOOK BELONGS TO:

_____

_____

_____

MANTRA LINGUA

For the children of Richard Cobden Primary School, London
D.M.

Special thanks to Phillip Fong and his family,
and to the staff and children of Mason Avenue Kindergarten
J.C.

First published 2003 by Mantra
Global House, 303 Ballards Lane, London N12 8NP
www.mantralingua.com

British Library Cataloguing in Publication Data:
a catalogue record for this book is available
from the British Library.

We wtorek Li musiał pokazać go wszystkim w szkole.
A ząbek ruszał się... w tę i we w tę.

On Tuesday, he had to show everyone at school.
And the tooth went...Wibble Wobble.

W środę Li musiał bardzo uważać jedząc obiad.
A ząbek ruszał się... w tę i we w tę.

On Wednesday, he had to be careful eating his lunch.
And the tooth went...Wibble Wobble, Wibble Wobble.

We czwartek Li musiał bardzo ostrożnie myć swoje ząbki.
A ząbek ruszał się... w tę i we w tę.

On Thursday, Li had to be extremely careful brushing his teeth.
And the tooth went...Wibble Wobble, Wibble Wobble, Wibble.

W piątek Li ruszał ząbkiem
w tę i we w tę,

On Friday, Li wiggled his tooth in
and out,

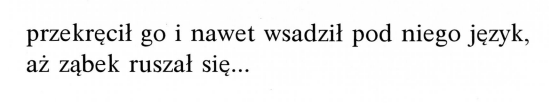

przekręcił go i nawet wsadził pod niego język,
aż ząbek ruszał się...

he twisted it and even stuck his tongue under it,
until it went...

W TĘ I WE W TĘ,
W TĘ I WE W TĘ,
W TĘ I WE W TĘ...
OJEJ!

WIBBLE WOBBLE,
WIBBLE WOBBLE,
WIBBLE WOBBLE...
OOOOPS!

"HURRAY!" everyone cheered.
Li gave them a big smile and he felt very brave.

„HURA!" - wszyscy krzyknęli.
Li uśmiechnął się całą buzią i poczuł się bardzo dzielny.

Kiedy nadszedł czas powrotu do domu,
Li wybiegł pokazać go swojemu tacie.

When it was time to go home, Li rushed out to show his dad.

„No, nareszcie"- powiedział tata.
„Brawo!"

"At last," said Dad.
"Well done!"

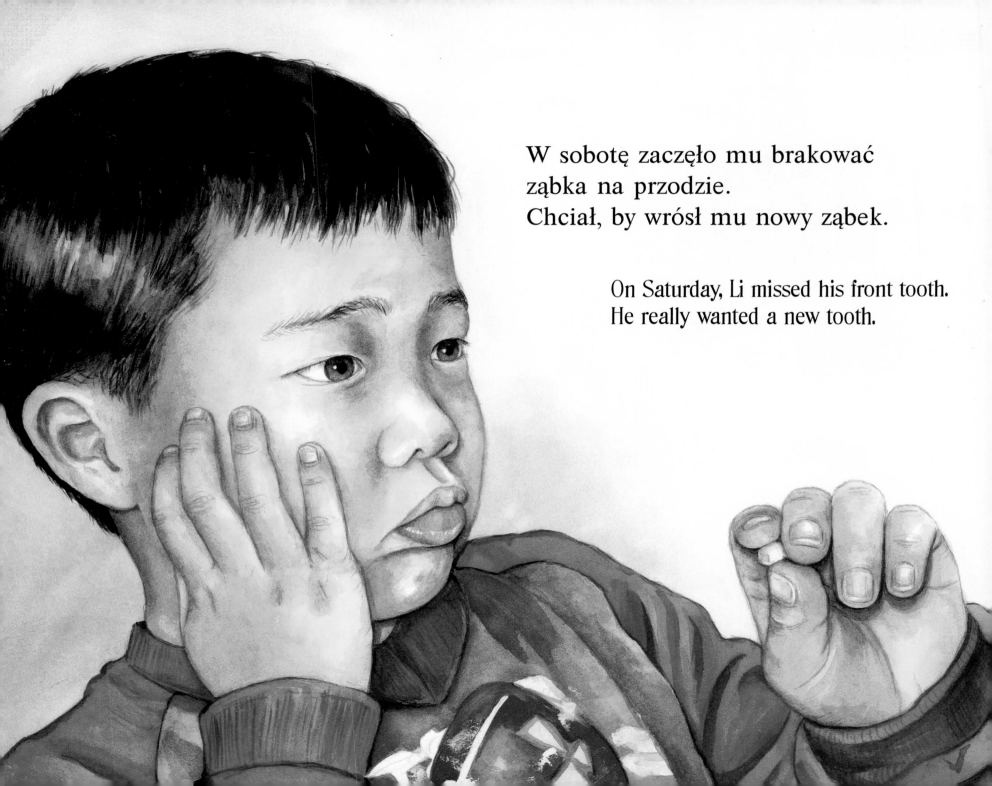

W sobotę zaczęło mu brakować
ząbka na przodzie.
Chciał, by wrósł mu nowy ząbek.

On Saturday, Li missed his front tooth.
He really wanted a new tooth.

„Chodź" - powiedział tata. „Chodźmy odwiedzić
babcię. Ona będzie wiedziała, co trzeba zrobić".
Poszli więc do babci.

"Come on," said Dad, "let's go and see Grandma. She'll know just what to do."
So off they went to Grandma's.

„Spójrz!" - powiedział Li.

„Hej, wypadł ci ząbek!"- odrzekł Joey.

„Jeśli włożysz go pod poduszkę, to przyjdzie wróżka i przyniesie ci pieniążki!"

„Dlaczego?" - zapytał Li.

„Twój ząbek jest jej potrzebny do budowy swojego nowego domku!"

„Aha" - odezwał się Li. „Muszę to powiedzieć mojej babci!"

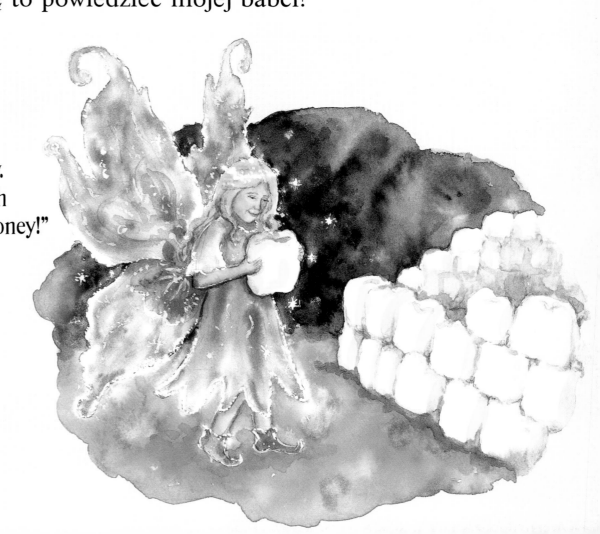

"Look!" said Li.

"Hey, you've lost your tooth!" said Joey.

"If you put it under the pillow, the tooth fairy will come and bring you some money!"

"Why?" asked Li.

"She needs your tooth to build her new house!"

"Oh," said Li. "I'd better tell my Grandma!"

„Zobacz!" - powiedział Li.
„Uuuuu!" - odrzekł Kofi. „Ja zakopałem swój w ziemi i wyrósł mi nowy!"
„Naprawdę? Muszę to powiedzieć babci!"

"Look!" said Li.
"Oooooo!" said Kofi. "I hid mine
in the ground and then my new
one grew!"
"Did it really? I must tell my
Grandma!"

„Zobacz!" - powiedział Li.

„Hej" - odrzekła Salma. „Możesz wrzucić swój ząbek do rzeki
i przyniesie ci to szczęście!"

„Naprawdę?" - zapytał Li. „Tato, co mam zrobić?"

„Babcia z pewnością będzie wiedziała" - powiedział tata.

"Look!" said Li.
"Hey," said Salma. "You could throw your
tooth into the river and it will
bring you good luck!"
"It will?" said Li. "Dad, what shall
I do?"
"Grandma knows," said Dad.

„Babciu, babciu, ZOBACZ!" - powiedział Li. „Mój ząbek ruszał się W TĘ I WE W TĘ, W TĘ I WE W TĘ, W TĘ I WE W TĘ i WYPADŁ!"
„No, no, no" - powiedziała Babcia uśmiechając się. „Wiem dokładnie, co trzeba zrobić! Rzuć go wysoko na dach sąsiada i pomyśl sobie życzenie" - szepnęła babcia.
„Dobrze" - krzyknął Li i...

"Grandma, grandma, LOOK!" said Li. "My tooth went WIBBLE WOBBLE WIBBLE WOBBLE WIBBLE WOBBLE and OUT!"
"Well, well, well," smiled Grandma. "I know just what to do!" she whispered. "Throw it up onto a neighbour's roof and make a big wish."
"OK," shouted Li and...

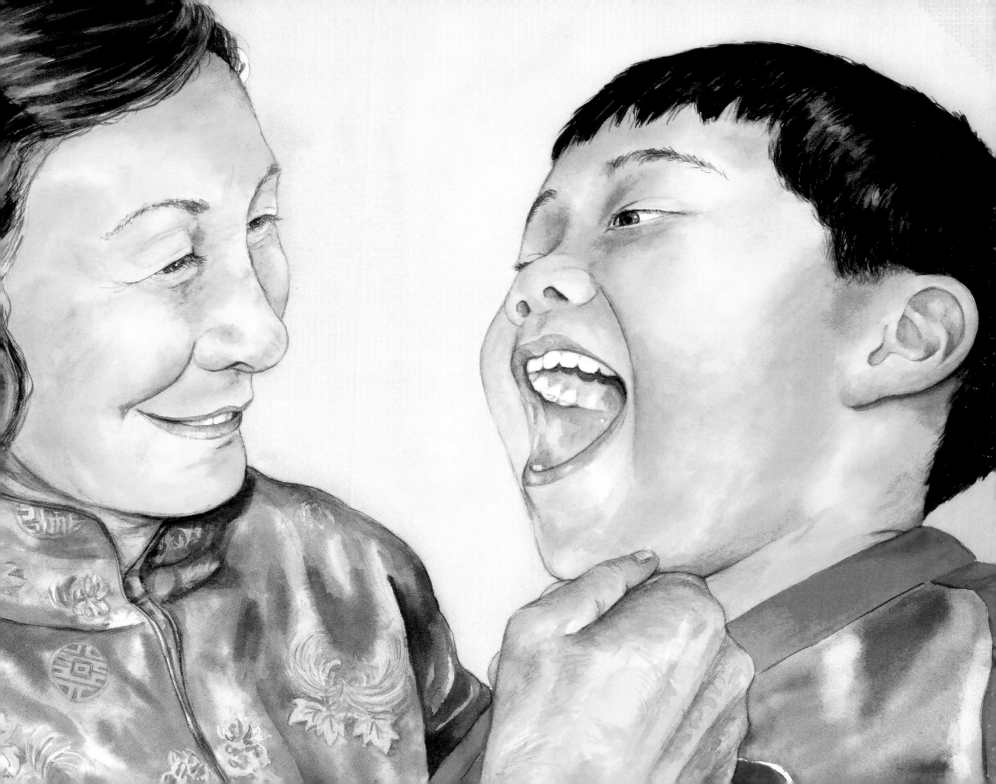

...z całą siłą rzucił swój ząbek!

...threw his tooth up with all his might!

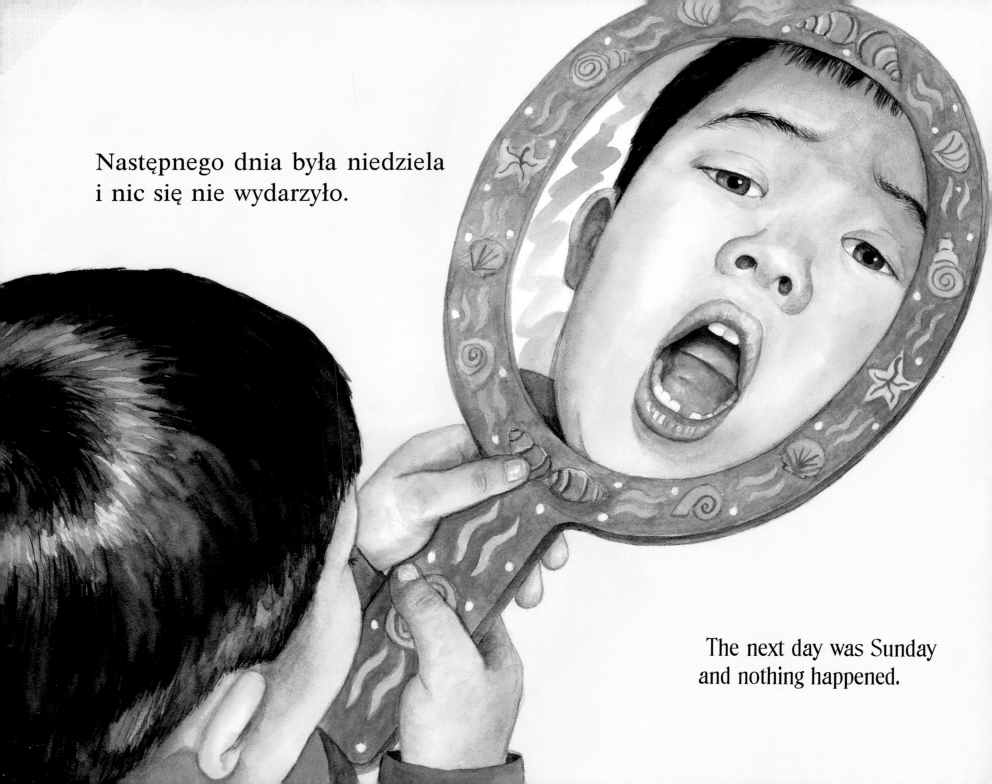

Następnego dnia była niedziela
i nic się nie wydarzyło.

The next day was Sunday
and nothing happened.

Ale w następną niedzielę rano, dwie minuty po siódmej,
jego życzenie się spełniło!

But the next Sunday morning at two minutes past seven, Li's wish came true!

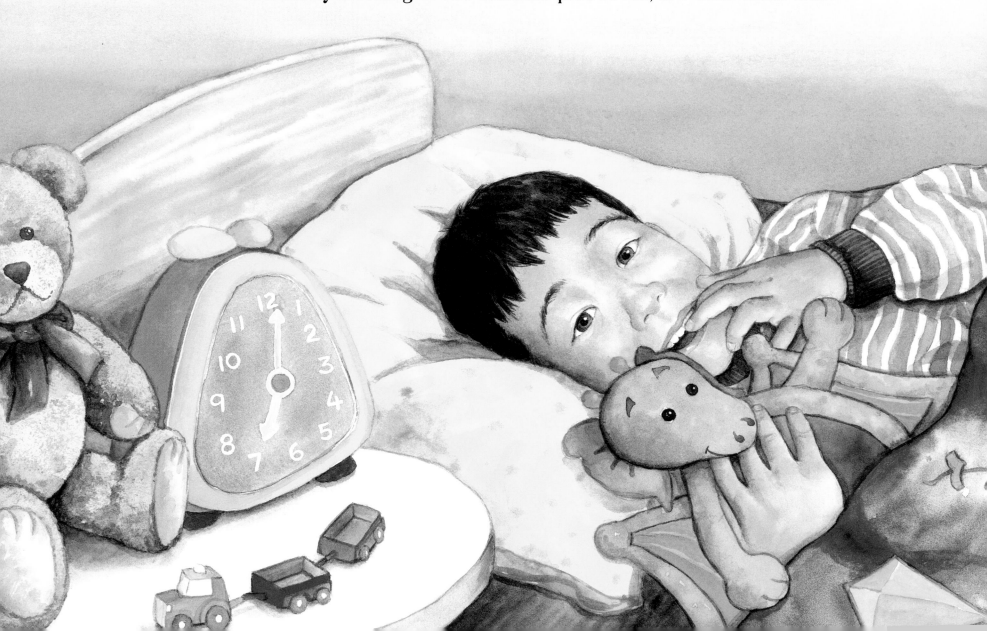

„Mamo, tato" - szepnął Li. „Zobaczcie!"

"Mum, Dad," whispered Li. "Look!"

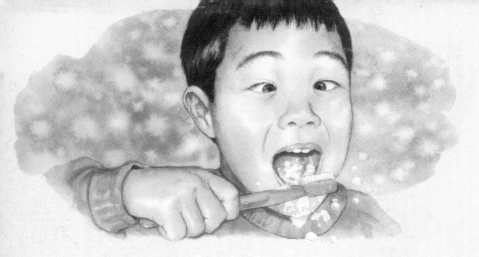

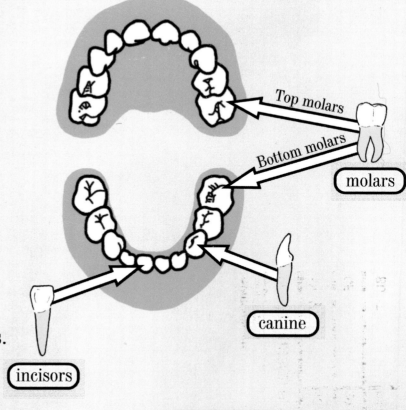

Top molars

Bottom molars

molars

canine

incisors

Brushing your teeth is important for many reasons. Not only do they give you a beautiful smile, they also help you to chew food to make you grow big and strong.

It is best to brush your teeth twice a day, for at least 2 minutes. This is the way you should do it:

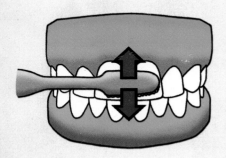

Front teeth

30 seconds

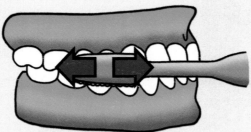

Side teeth

30 seconds

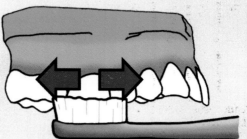

Top molars   Bottom molars

30 seconds   30 seconds